Ralph Walker

# KANT

## KANT E A LEI MORAL

Tradução de
Oswaldo Giacóia Junior

1ª Reimpressão

Editora UNESP

Título original em inglês: *Kant and Moral Law*, publicado em 1998 pela Phoenix, uma divisão da Orion Publishing Group Ltd.



Praça da Sé, 108
01001-900 – São Paulo – SP
Tel.: (0xx11) 3242-7171
Fax: (0xx11) 3242-7172

www.editoraunesp.com.br
www.livrariaunesp.com.br
feu@editora.unesp.br

Dados Internacionais de Catalogação na Publicação (CIP)
(Câmara Brasileira do Livro, SP, Brasil)

Walker, Ralph

Kant: Kant e a lei moral / Ralph Walker; tradução de Oswaldo Giacóia Junior. – São Paulo: Editora UNESP, 1999. – (Coleção grandes filósofos)

Título original: Kant and the Moral Law.

ISBN: 85-7139-246-3

1. Kant, Immanuel, 1724-1804 – Ética I, Título, II Série.

99-2800 CDD-193

Índice para catálogo sistemático:
1. Kant: Filosofia moral: Filosofia alemã 193

Editora afiliada:

Asociación de Editoriales Universitarias de América Latina y el Caribe

Associação Brasileira de Editoras Universitárias

# NOTA INTRODUTÓRIA

Qualquer explicação das ideias de Kant tem de envolver interpretação. Em certos pontos, minha interpretação é inevitavelmente controversa; algumas visões diferentes podem ser encontradas nas Leituras Suplementares arroladas ao final. Por ajudarem na clarificação de meus próprios pensamentos, sou grato a algumas pessoas, em particular meus alunos e especialmente Angus Ritchie.

A edição *standard* da obra de Kant é a publicada pela Academia de Ciências de Berlim como *Kants gesammelte Schriften* (Berlin, 1900- frequentemente abreviada como "Ak". Usualmente as traduções inglesas das obras de Kant trazem em suas margens as páginas de referência daquela edição. No que se segue, as referências são feitas a essa edição, exceto em dois casos. De acordo com a convenção, referências à *Crítica da razão pura* são feitas às páginas da primeira e da segunda edição; e referências às anotações privadas de Kant (*Reflexionen*) são feitas pela numeração das anotações, conforme estabelecido na edição da Academia.

Referências a obras de Kant são abreviadas da maneira seguinte.[1] Quando elas se reportam à edição da Academia, o respectivo volume é indicado.

A/B Primeira (1781)/Segunda (1787) edição da *Crítica da razão pura*

1 As abreviaturas inglesas serão substituídas pelas equivalentes em português, tal como correntemente em uso no meio acadêmico (N. T.).

F *Fundamentação da metafísica dos costumes (1785;* Ak. IV)

MC *Metafísica dos costumes* (1797; Ak. VI)

CRPR *Crítica da razão prática* (1788; Ak. V)

P *Prolegômenos a toda metafísica futura* (1783; Ak. IV)

R *A religião nos limites da simples razão* (1793; Ak.VI)

Rf *Reflexões* (Ak. XIX)

As traduções que utilizei são de minha própria autoria, mas traduções credenciadas das obras de Kant estão sendo publicadas pela Cambridge Edition of the Works of Immanuel Kant (Cambridge University Press, Cambridge, 1993-); o volume intitulado *Filosofia prática* é particularmente bom e contém traduções, por Mary Gregor, da maior parte das obras morais de Kant. Há também excelentes traduções da *Fundamentação* por H. J. Paton, sob o título de *The Moral Law* [*A lei moral*] (Hutchinson, London, 3.ed., 1956), e por L. W. Beck, sob o título *Foundations of the Metaphysics of Morals* [*Fundamentação da Metafísica dos Costumes*] (New York: Liberal Arts, 1959). A tradução de Beck está incluída, juntamente com sua tradução de outras obras de Kant, em seu *Kant´s Critique of Practical Reason and Other Writings in Moral Philosophy* (Chicago: University of Chicago Press, 1949).

A melhor tradução da *Crítica da razão pura* correntemente disponível é a de Norman Kemp Smith (London: Macmillan, 1929).

# A LEI MORAL

Kant sustenta que há uma lei moral objetiva. Ela é conhecida por nós não pela experiência, mas pela razão. Ela nos obriga a agir ou a nos abster de agir, simplesmente em razão de que a ação é exigida pela lei, ou proibida por ela. Ela é um "imperativo categórico": nem sua autoridade, nem seu poder de nos motivar são derivados de outra parte senão dela mesma.

Então, como agora, muitos filósofos viram a moralidade de uma maneira muito diferente. Alguns deles pensavam que havia uma lei moral objetiva, mas que esta dependia da vontade de Deus. Outros pensavam que a moralidade tinha algo a ver com a razão, mas que o exercício da razão consistia inteiramente em promover algum objetivo, como a própria felicidade ou o bem-estar da sociedade. Kant rejeita essas ideias, porque elas fazem a moralidade depender de algo exterior a ela mesma: a vontade de Deus, ou o desejo de promover o bem-estar. Ele rejeita igualmente a ideia de que a moralidade é apenas o desenvolvimento natural de certos sentimentos que pertencem à nossa natureza humana. Isso não seria compatível com seu caráter intrinsecamente racional.

> Permita-nos aduzir que, a menos que se queira negar toda verdade ao conceito de moralidade, e toda relação entre ele e um objeto possível qualquer, não se pode negar que sua lei é de tal abrangência que ela vigora não apenas para seres humanos, mas para *todo ser racional em geral;* e não apenas sob condições contingentes e com exceções, mas de maneira *absolutamente necessária.* É claro que nenhuma experiência poderia nos dar sequer ocasião de inferir a possibilidade de tais leis apodíticas [isto é, necessárias]. Pois com que direito podemos tornar alguma coisa um objeto de ilimitado respeito, como uma prescrição universal para toda natu-

reza racional, se ela talvez pudesse ser válida unicamente sob as condições contingentes da humanidade? E por que leis de determinação de *nossa* vontade deveriam ser tomadas por leis de determinação da vontade do ser racional em geral – e somente enquanto tais também para nossa vontade –, se tais leis fossem meramente empíricas, ao invés de ter sua origem inteiramente *a priori* na razão pura, embora prática? (F 408)

Por "*a priori*", Kant entende "independente da experiência": o conhecimento é *a priori* se é "independente da experiência e até de todas as impressões dos sentidos" (B 2). As verdades conhecidas pela razão pura são *a priori*. Elas incluem as leis lógicas e algumas outras verdades acerca do mundo, estabelecidas na *Crítica da razão pura*. Elas incluem também a lei moral. Verdades cognoscíveis apenas pela experiência são chamadas *a posteriori*.

A lei exige obediência por direito próprio. Eu só teria uma razão *moral* para obedecer aos mandamentos de Deus, se eu soubesse que ele promulgara os justos mandamentos.

> Até mesmo o Santo dos Evangelhos tem primeiramente de ser comparado com nosso ideal de perfeição moral antes que se possa reconhecê-lo como tal; com efeito, ele afirma a respeito de si mesmo: por que me chamais bom a mim (que vós vedes)? Ninguém é bom (o arquétipo do bem), senão unicamente Deus (que vós não vedes). Mas, de onde temos o conceito de Deus como supremo bem? Simplesmente da *ideia* de perfeição moral que a razão deduz *a priori*. (F 408-9)

De igual maneira, a moralidade não pode depender de nossos desejos. Ela não deriva seu valor de sua aptidão para promover a felicidade ou qualquer outro objetivo que consideramos atraente. Ela tem valor em si mesma e, se a felicidade tem um *valor* – como o oposto de ser precisamente algo que desejamos –, ela só pode obtê-lo *da* lei moral, que é a fonte de todo valor moral. Por conseguinte, a lei moral não extrai sua força cogente de sua aptidão para promover algum objetivo nosso. Ela apenas nos diz o que devemos fazer. É isso que Kant tem em mente ao denominá-la "categórica".

> Todos os *imperativos* ordenam *hipotética* ou *categoricamente* ... Se a ação (ordenada) for boa simplesmente como um meio *para alguma outra coisa*, então o imperativo é *hipotético*; mas se a ação é representada como boa *em si mesma* e, portanto, como um princípio necessário para uma vontade que, em si mesma, está em conformidade com a razão, então o imperativo é *categórico*. (F 414)

Por "imperativos", Kant não quer dizer precisamente "ordens": ele quer dizer "ordens da razão". Um imperativo é uma "regra que é indicada por um 'dever' ... e que significa que, se a razão determina completamente a vontade, a ação ocorreria infalivelmente de conformidade com essa regra" (CRPR 20).

Algumas pessoas pensam que uma ação pode ser racional apenas como o meio racional para algum fim desejado. Elas concordam em que haja imperativos hipotéticos, negam, no entanto, que qualquer ação possa ser racional por direito próprio, independentemente de sua tendência para realizar as metas do agente. Assim, Hume pensava que a razão poderia ser apenas "a escrava das paixões".[2] Nossas "paixões", nossos desejos e preferências determinam nossos objetivos, e a razão apenas excogita a maneira como alcançá-los. Kant pensa que a razão prescreve também imperativos categóricos. Certas ações são obrigatórias precisamente porque a razão as ordena.

A diferença entre imperativos categóricos e hipotéticos não consiste em serem eles expressos usando um "se". Os imperativos categóricos da moralidade são frequentemente muito sensíveis aos detalhes dos casos particulares, como Kant bem tinha consciência. Por conseguinte, eles frequentemente podem ser melhor formulados: "se você se encontra

---

2 D. Hume, *A Treatise of Human Nature*, II:3:3; L. A. Selby-Bigge (Ed.). Oxford: Clarendon Press, 1888, p.415 (primeiramente publicado em 1739).

em circunstâncias X, você deve fazer Y". O contraste consiste antes em que um imperativo hipotético declare que uma ação é racional como o meio para a consecução de algum objetivo; nada está implicado quanto à racionalidade de se ter aquele objetivo. Um imperativo categórico nos declara o que é racional por direito próprio e, portanto, moral, de acordo com Kant.

Isso pode sugerir que Kant vê a moralidade como matéria de regras rígidas. Com frequência, ele tem sido interpretado nesse sentido, embora erroneamente. A interpretação deriva principalmente de sua *Fundamentação da metafísica dos costumes*, mas esta foi escrita como um livro popular, no qual Kant opera simplificações que dão ocasião a mal-entendidos. Outras obras, principalmente a *Metafísica dos costumes*, tornam claro que a lei moral *não* é um conjunto fixo de regras rígidas. Ele próprio, repetidamente, se mostra sensível para com as complexidades dos casos difíceis e suscita uma série de "questões casuísticas" – questões acerca de problemas morais concretos, nas quais ele não considera, de modo algum, que as respostas sejam óbvias. Eles não podem ser resolvidos por simples apelo a regras. (Ele emprega "casuístico" em sentido próprio – ter algo a ver com a parcela moral de casos específicos; o termo não conota qualquer nuança pejorativa.) Kant fala a respeito da "lei moral" para enfatizar o caráter imperativo da moralidade; ele não pretende que esse caráter possa ser elegantemente codificado.

Ademais, fica explicado na *Metafísica dos costumes* que a moralidade é largamente concernida com a promoção de certos fins. Nessa medida, regras estão de novo fora de lugar, pois

> isso deixa espaço (*latitudo*) para livre escolha na subsequente (obediência) à lei; isto é, a lei não pode estabelecer precisamente como alguém tem de agir e o quanto tem de fazer promovendo a finalidade que é também um dever. (MC 390)

Essas ideias estão presentes na *Fundamentação*, mas de modo tão obscuro que são frequentemente passadas por alto.

Ele afirma que toda "máxima" ou princípio subjetivo segundo o qual se pode agir tem de instituir algum fim (F 436). Ele também afirma que agir moralmente é agir segundo máxima que estabelece que temos de tratar seres racionais, e seres humanos em particular, como fins; "fins em si mesmos".

> Ora afirmo que o homem, e em geral todo ser racional, *existe* como fim em si mesmo, *não meramente como um meio* para ser usado como aprouver por esta ou aquela vontade. Tal ser, em todas as suas ações, sejam elas dirigidas a si mesmo ou também a outros seres racionais, tem sempre de ser considerado *ao mesmo tempo como um fim.* (F 428)

Por conseguinte, o imperativo categórico pode ser formulado: "Age de tal maneira que trates a humanidade, em tua própria pessoa e na pessoa de cada outro ser humano, jamais meramente como um meio, porém sempre ao mesmo tempo como um fim" (F 429). Mas a *Fundamentação* não deixa claro o que isso significa. Evidentemente Kant pensa que devemos nos tratar com alguma espécie de igualdade de respeito, mas isso é antes vago e não está explicado como pessoas podem ser chamadas, em absoluto, "fins". Fins são objetivos, coisas que pretendemos realizar.

Na *Metafísica dos costumes,* ele explica que há certos "fins que são também deveres".

## Quais são os fins que são também deveres?

> São eles: *a perfeição própria* e *a felicidade dos outros*.
>
> Eles não podem ser intercambiados, para transformar a *felicidade própria* e a *perfeição dos outros* em fins que seriam, em si mesmos, deveres para a mesma pessoa.
>
> Pois a *felicidade própria* é um fim que, de fato, todos os seres humanos têm (graças aos impulsos de sua natureza). Porém tal fim jamais pode ser considerado como um dever, sem que

se entre em contradição consigo mesmo. Aquilo que qualquer um já inevitavelmente quer, de maneira espontânea, não pertence ao conceito de *dever*; pois dever é uma *necessitação* para um fim involuntariamente adotado. De modo que seria contraditório dizer: alguém *tem um dever* de promover a própria felicidade com todas as suas forças.

Isso é, similarmente, uma contradição: fazer da *perfeição* alheia meu fim e assumir o dever vinculante de promovê-la. Porquanto a *perfeição* de outro ser humano, como uma pessoa, consiste nisso: em que *ela própria* é capaz de estabelecer seus fins em conformidade com seu próprio conceito de dever. E seria contraditório exigir (isto é, torná-lo meu dever) que eu deva fazer algo que ninguém, exceto o próprio outro, pode fazer. (MC 385-6)

O dever de buscar minha própria perfeição é o dever de desenvolver minhas capacidades, particularmente as capacidades moral e intelectual, mas também capacidades físicas, visto que sem elas eu não posso agir efetivamente. O dever de procurar a felicidade dos outros é o dever de promover os objetivos deles; a satisfação dos desejos deles e de seus projetos individuais.

> Quanto à felicidade, cuja promoção como um fim constitui meu dever, ela tem de ser a felicidade *de outras pessoas, cujo* (lícito) *fim eu, com isso,* torno *meu próprio.* Aquilo que elas podem contar como pertencendo à felicidade delas compete a elas mesmas decidir; enquanto compete a mim recusar algumas coisas que *elas* pensam que irão fazê-las felizes, se eu discordo delas a respeito disso, desde que não sejam coisas que, como próprias, elas tenham o direito de exigir de mim. (MC 388)

A palavra entre parênteses "lícito" é importante. Alguém pode ter um fim que conflite com o dever de promover sua própria perfeição ou a felicidade de outrem, e este não seria um fim permitido. Ademais, as pessoas frequentemente têm objetivos que interferem com, ou exploram, outras pessoas. O princípio básico do que Kant denomina a Doutrina do Direito é que é errado interferir na liberdade dos outros, uma liberdade de que necessitam para seu próprio autodesenvolvimento.

## Princípio Universal do Direito

Toda ação é *correta* se ela ou sua máxima permite a liberdade de escolha a cada pessoa de coexistir com a liberdade de cada um em conformidade com a lei universal.

Portanto se minha ação, ou em geral minha situação, pode coexistir com a liberdade de cada um em conformidade com uma lei universal, quem quer que me oponha resistência a respeito disso procede errado para comigo; pois esse obstáculo (a resistência) não pode coexistir com a liberdade em conformidade com leis universais. (F 230-1)

Como isso sugere, Kant reconhece que uma ação pode ser moralmente indiferente – nem obrigatória, nem proibida. Pensa-se frequentemente que ele não reconheceu isso, porém ele o fez.

Uma ação é *permitida (licitum)* se não for contrária a uma obrigação; e essa liberdade, que não é limitada por nenhum imperativo contrário, é considerada *sendo autorizada (facultas moralis)*. A partir daí, é autoevidente o que se quer significar por *não permitido (ilicitum)*. (MC 222)

Uma ação que não é nem exigida, nem proibida, é meramente *permitida*, porque em relação a ela não há lei para limitar a liberdade (isto é, para limitar o que está sendo autorizado a alguém) e, por conseguinte, também nenhum dever. Tal ação é denominada moralmente indiferente. (MC 223)

A verdadeira firmeza da virtude é um *ânimo sereno* com a firme e refletida determinação de pôr em prática a sua lei. Essa é a condição da *saúde* na vida moral ... Porém, uma pessoa é chamada "fantasticamente virtuosa" se não reconhece nenhuma *das coisas que são indiferentes (adiaphora)* em relação à moralidade e espalha deveres em torno de todos os seus passos, como armadilhas. Ele não considera indiferente se eu nutro a mim mesmo com carne ou peixe, ou com cerveja ou vinho, se ambos me convêm. "Fantasticamente virtuoso" é uma preocupação com ínfimos detalhes que transformaria o domínio da virtude em tirania, se fosse adotada como doutrina da virtude. (MC 409)

Ora, pois, se Kant pensa que a lei moral exige de nós promover a felicidade, não é ele um utilitarista?

Utilitaristas pensam que o valor moral de um ato depende de suas consequências: se ele aumenta a felicidade. O ato retira seu valor de suas consequências. Para Kant, o valor moral de um ato depende da lei moral, não de quaisquer consequências. A diferença é sutil, porém importante. Para os utilitaristas, a felicidade tem obviamente valor e a moralidade se incumbe de como chegar lá. Kant diria que os imperativos dos utilitaristas seriam apenas hipotéticos, dizendo-nos como alcançar uma meta assumida. De seu ponto de vista, é a própria lei moral que exige de nós que persigamos aqueles fins que são também deveres, e o valor deles é derivado inteiramente da lei, que os institui como obrigatórios. O que importa é que a ideia de tais fins "emerge da moralidade e não é a fundamentação da moralidade" (R 5). A única fonte do valor é a lei moral, e a única coisa intrinsecamente valiosa é uma vontade guiada por essa lei.

É impossível conceber qualquer coisa no mundo, ou mesmo fora dele, que possa ser considerada boa sem qualificação, exceto uma *boa vontade*. (F 393)

A boa vontade não é boa por causa daquilo que ela efetua ou realiza, não por meio de sua aptidão para a consecução de algum fim proposto, mas unicamente por meio do querer; isto é, ela é boa em si mesma ... Considerada em si mesma, ela deve ser avaliada incomparavelmente mais alto do que qualquer outra coisa que poderia alguma vez realizar para satisfazer alguma inclinação, ou mesmo (caso se queira) a soma total de todas as inclinações. Ainda mesmo que por um desfavor especial do destino, ou pela parca dotação de uma natureza madrasta, faltasse totalmente a essa vontade o poder de executar suas intenções, mesmo que, a despeito de seus maiores esforços, nada pudesse alcançar e afinal apenas a boa vontade restasse (não, é claro, como um mero desejo, mas como emprego de todos os meios em nosso poder); mesmo então, ela continuaria brilhando em seu direito próprio como uma joia, como alguma coisa que tem seu pleno valor em si mesma. (F 394)

Isso não é negar que a felicidade tem um valor, mas seu valor é dado a ela pela lei. De fato, Kant pensa que o "sumo bem" consiste numa união completa entre virtude e felicidade.

Foi provado que a *virtude* (como merecimento de ser feliz) é a *suprema condição* de qualquer coisa que possa mesmo parecer-nos digna de ser querida e, por consequência, de todo nosso anseio de felicidade, sendo, pois, o *supremo* bem ... Mas isso não a torna o bem completo e perfeito, o objeto da faculdade desejante dos seres racionais finitos. Pois que também a *felicidade* é requerida ... Ora, se virtude e felicidade juntas constituem o sumo bem em uma pessoa singular, então, analogamente, felicidade, exatamente distribuída em proporção com a moralidade – como o valor da pessoa e seu merecimento de ser feliz –, constitui o *sumo bem* de um mundo possível; e isso significa o bem completo e perfeito. Com isso, a virtude é sempre o bem supremo, sendo a condição que não tem condição ulterior acima dela; enquanto a felicidade é sempre algo agradável a seu possuidor, todavia não boa unicamente por si mesma, absolutamente e em todos os sentidos, porém pressupondo sempre, ao invés disso, uma conduta em conformidade com a lei moral, como sua condição. (CRPr 110-1)

Contudo,

embora o sumo bem possa ser o inteiro *objeto* de uma razão pura prática, isto é, de uma vontade pura, ele não tem, portanto, de ser tido por seu *fundamento determinante*. Unicamente a lei moral tem de ser vista como o fundamento para a realização do sumo bem, e a produção ou promoção deste tem de ser o objeto. (CR 109)

Todo valor moral deriva da lei.

Por que Kant pensou a moralidade dessa maneira? Na *Fundamentação*, ele explica que seu método é começar com o que as pessoas realmente pensam, com o "conhecimento racional vulgar da moralidade". O propósito não é precisamente descrever as convicções das pessoas (que com frequência são antes confusas), mas analisá-las, de modo a revelar nossa subjacente concepção de moralidade. Isso é o que ele tem em mente ao dizer que nos primeiros dois capítulos ele procede "analiticamente":

> Nesse livro, eu adotei o método que emprego porque acredito que ele é o melhor se procedermos de início analiticamente partindo do conhecimento vulgar para a determinação de seu supremo princípio, e então retornamos sinteticamente do exame desse princípio e suas fontes para o conhecimento vulgar no qual o encontramos utilizado. (F 392)

Uma coisa é mostrar que uma certa concepção de moralidade subjaz ao pensamento vulgar, outra coisa é mostrar que ela é verdadeira.[3] Kant é bem consciente disso. No final do segundo capítulo, ele afirma:

> Desenvolvendo o conceito de moralidade geralmente em curso, nós mostramos apenas que a autonomia da vontade está inevitavelmente vinculada a ele – ou antes subjaz à sua fundação. Portanto, quem quer que considere a moralidade como algo real, e

3 Em seu *Ethics: Inventing Right and Wrong*, Harmondsworth: Penguim, 1997, J. L. Mackie argumenta que nossa concepção vulgar de moralidade é de fato equivocada.

não como uma ideia quimérica carente de verdade, tem de admitir, ao mesmo tempo, o princípio da moralidade colocado em discussão. Este capítulo, portanto, como o primeiro, tem sido meramente analítico. Que a moralidade não é um fantasma do cérebro ... pode ser mostrado apenas por um *possível uso sintético da razão pura prática*. (F 445)

O terceiro capítulo presumivelmente justifica a moralidade procedendo "sinteticamente".[4] Ele explica que, ao proceder sinteticamente, examinou as coisas "de tal maneira que investiguei no interior da própria razão pura, e me esforcei para determinar nessa mesma fonte, de acordo com princípios, os elementos e as leis de seu emprego puro" (P 274). Mais tarde veremos em que medida ele teve sucesso ao justificar a moralidade.

O primeiro capítulo da *Fundamentação* desenvolve o pensamento de acordo com o qual a moralidade, como a concebemos vulgarmente, é – para empregar o termo moderno – prescritiva. Afirmar que a moralidade é prescritiva é afirmar que não se pode ser consciente de uma exigência moral sem reconhecê-la como uma razão para agir (se as circunstâncias permitem que a ação ocorra). Exigências morais diferem, a esse respeito, dos imperativos hipotéticos. Posso reconhecer que a melhor maneira de poupar dinheiro é investi-lo em Midas & Midas, sem ver nisso uma razão para agir, posto que posso não querer poupar dinheiro. Posso reconhecer que a melhor maneira de assegurar a felicidade é conservando-me em boa forma, sem ver nisso uma razão para agir, posto que nada *exige* de mim querer a felicidade. Porém, exigências morais são automaticamente razões para a ação: elas são imperativos categóricos.

---

4 Kant afirma que a distinção entre o método analítico e o sintético não tem conexão direta com a distinção entre verdades analíticas e sintéticas (P 276n). Verdades analíticas são aquelas que se mantêm unicamente em virtude das leis lógicas e dos significados dos termos implicados. Verdades sintéticas são aquelas que não são analíticas.

Posso ter uma razão para agir e, todavia, não agir. Posso escolher livremente fazer aquilo que a moralidade exige. Entretanto, não posso escolher ignorar o fato de que a lei moral dá a mim uma razão para agir. Ela se coloca como um motivo para que eu aja, ainda mesmo se ela não é o motivo pelo qual eu escolho agir. Sendo intrinsecamente prescritiva, a moralidade pode ser chamada uma lei; o que não significa que ela possa ser reduzida a um conjunto fixo de regras. Ela dirige a conduta e fornece razões para a ação. Esta é a razão pela qual ela tem de ser fonte de valor.

Ele estabelece três "proposições" que desenvolvem essa ideia. A primeira é inicialmente "enigmática". Ela pode ser assim sumarizada: "A única coisa que pode dar valor moral a uma ação é se ela se realiza por um senso do dever". Se alguém pratica uma ação apenas porque quer, ela não tem valor moral.

> Fazer bem aos outros, quando se pode, é um dever; além disso, há muitas almas de natureza tão compassiva que – mesmo sem nenhum outro motivo de vaidade ou interesse – encontram íntimo prazer em espalhar alegria à sua volta e que podem se alegrar com o contentamento dos outros, na medida em que o promoveram. Eu, porém, afirmo que neste caso uma tal ação, por mais que possa ser conforme ao dever, por amável que ela seja, não tem contudo nenhum verdadeiro valor moral. Ela se encontra no mesmo passo que outras inclinações, como o anseio pela honra que, quando afortunadamente conduz a alguma coisa que efetivamente é de interesse geral e conforme ao dever, é consequentemente honroso, merece louvor e estímulo, mas não estima; pois à sua máxima falta o conteúdo moral, qual seja aquele que manda que tais ações se pratiquem, não por inclinação, mas *por dever*. Admitindo, pois, que o ânimo desse filantropo estivesse turvado pelo desgosto próprio que extingue toda a compaixão pelo destino alheio, porém que ele ainda tivesse o poder de fazer bem aos desgraçados, mas que a desgraça alheia o não tocasse porque estava bastante ocupado com a sua própria; admitindo também agora, que nenhuma inclinação o estimula mais para isso, que ele se arrancasse a esta mortal insensibilidade e praticasse a ação sem qualquer inclinação, simplesmente por dever. Então, pela pri-

> meira vez, é que essa ação tem o seu autêntico valor moral. Mais ainda: se a natureza tivesse posto no coração desta ou daquela pessoa pouca simpatia, se ele (homem honrado, de resto) fosse por temperamento frio e indiferente às dores dos outros, talvez, por ser ele mesmo dotado especialmente de paciência e capacidade de resistência a seus próprios sofrimentos, esperasse ou exigisse o mesmo dos outros; se a natureza não tivesse feito de um tal homem (que em verdade não seria o seu pior produto) propriamente um filantropo – não poderia ele encontrar dentro de si um manancial que lhe pudesse dar um valor muito mais elevado do que o dum temperamento bondoso? Sem dúvida! E é exatamente aí que começa o valor do caráter, que é moralmente sem qualquer comparação o mais alto: que ele faz o bem, não por inclinação, mas por dever. (F 398-9)

Dois comentários são necessários. Primeiramente, a ação de alguém a quem compraz a benevolência é inteiramente *correta*. Kant distingue entre ações "em conformidade com o dever" e ações praticadas "por dever". Apenas as últimas refletem mérito no agente. Porém, ações em conformidade com o dever não transgridem a lei moral, ainda que não sejam feitas em razão dele. Elas não são ações incorretas; elas são a maneira correta de agir, embora praticadas por errôneas razões. Dizer que elas "carecem de valor moral" é precisamente dizer que elas não refletem qualquer mérito no agente. Elas são "lícitas", embora não "virtuosas".

Ademais, Kant não está negando que aquele que se compraz em agir benevolentemente *possa* fazê-lo dessa maneira por senso de dever. A pessoa cuja ação carece de valor moral é motivada *unicamente* por inclinação, e *não* por dever. Ela é afortunada por possuir inclinações socialmente desejáveis, mas está agindo por inclinação, tanto quanto alguém que explora outrem em proveito próprio. A pessoa que espalha felicidade por senso de dever assim procede porque sabe que isso é o que exige a lei moral. E Kant não pensa que somente pessoas de temperamento frio e indiferente podem agir por dever. Seu ponto é que nelas a ação por dever seria mais fácil de detectar.

Mas uma pessoa propriamente virtuosa seria aquela em que há uma "disposição firmemente fundada de cumprir estritamente seu dever" (R 23n) e tal pessoa certamente se deleitará com a ação obediente.

> Ora, pois, se alguém pergunta: "qual é o caráter *estético*, ou o *temperamento da virtude*? É ele corajoso, e portanto *alegre*, ou é ele curvado pelo medo e abatido?", dessa maneira, uma resposta é dificilmente necessária. A última disposição de ânimo, escrava, jamais pode existir sem um velado *ódio* pela lei, e o coração alegre na obediência a seu dever (não o bem-estar no *reconhecimento* do mesmo) é um signo de genuína disposição virtuosa. (R 23-4n)

Nesse contexto, "estético" significa para Kant "relacionado ao prazer".

Pode-se ainda pensar que a pessoa obediente de Kant seria repulsivamente austera, comprazendo-se no dever, porém jamais agindo por amor, ou compaixão, ou por qualquer calorosa emoção humana. Isso estaria novamente errado. A lei moral *pode* me motivar para a ação diretamente, mas ela também pode atuar como um motivo de segunda ordem, habilitando-me para decidir qual das minhas emoções colocar em ação, e em que extensão. Somos agentes livres, não mecanicamente conduzidos por nossas paixões, e, portanto, carecemos de algum modo de decidir qual delas pôr em atuação; a lei moral fornece tal modo de decidir.

> Liberdade da vontade é de uma constituição tão especial que ela não pode ser determinada a uma ação por nenhum motivo, *a não ser que o agente o tenha admitido em sua máxima* (tornando-a para si regra universal, de acordo com a qual ele quer se comportar); somente dessa maneira pode um motivo, qualquer que ele seja, coexistir com a absoluta espontaneidade da vontade (isto é, da liberdade). (R 23-4)

Kant efetivamente sustenta que a cultura dos sentimentos, como a compaixão, é, ela mesma, um dever. Eles se prestam a um duplo propósito. Eles nos habilitam, natural e facilmente, para fazer o que é justo na maior parte do tempo; eles são "de fato proveitosos à própria boa vontade e podem tornar sua obra muito mais fácil" (F 393). Eles também nos ajudam a entender outras pessoas e nos dão a sensibilidade necessária para decisões em casos difíceis.

> Conquanto não seja em si mesmo um dever partilhar as alegrias e os sofrimentos de outrem, uma ativa compaixão pelo destino deles é um dever. É pelo menos um dever indireto, pelo propósito de cultivar sentimentos (estéticos) naturais solidários em nós mesmos, usando-os como outros tantos meios para uma simpatia baseada em princípios morais e no sentimento apropriado a eles. (MC 457)

O que *seria* errado, seria deixar-se alguém arrastar por seus sentimentos, solidários ou de outra espécie. Deve-se ser sempre conduzido pelo senso do dever.

Sua segunda proposição é:

> uma ação por dever tem seu valor moral *não no propósito* que deve ser alcançado por meio dela, porém na máxima em conformidade com a qual ela foi decidida. Ela depende, portanto, não da realização do objeto da ação, mas somente do *princípio da volição*, em conformidade com o qual a ação foi empreendida, sem consideração de quaisquer objetos da faculdade de desejar. (F 399-400)

O que confere valor moral a uma ação é a "máxima", o princípio subjetivo pelo qual o agente age; a máxima do agente terá de ser alguma coisa como: "Devo fazer aquilo que a lei exige, o que nessa situação é XYZ". Ao dizer que não é o propósito que importa, ele tem em mente que a ação não deriva seu valor do fato de ser visada alguma meta, como a felicidade, que tivesse valor independentemente da lei.

Ele enfatiza a terceira proposição: *"Dever é a necessidade de agir por respeito à lei"* (F 400). "Necessidade" é empregada aqui tecnicamente. Isso não quer dizer que agir por dever é agir automaticamente, sem vontade livre; justamente o contrário.

Kant contrasta nossa situação com aquela de uma "vontade santa", como Deus. A ideia do dever se aplica apenas a seres como nós, que podem ser desviados do dever por outros desejos e para quem o dever aparece como uma espécie de necessitação – de fato, como um "dever". Ele não se aplica a uma vontade santa.

"Respeito" (*Achtung* – por vezes traduzida como "reverência") é a palavra de Kant para o motivo moral. Respeito difere de nossas inclinações não morais:

> Por um objeto como efeito de minha pretendida ação posso ter, de fato, uma *inclinação*, porém *jamais respeito*, justamente porque ele é meramente um efeito e não a atividade de uma vontade. Similarmente, não posso ter respeito por uma inclinação como tal, seja ela minha ou de outrem; no primeiro caso, posso, no máximo, aprová-la, no segundo caso, posso, por vezes, até mesmo amá-la, isto é, considerá-la favorável a meu próprio proveito. A única coisa que pode ser objeto de respeito e, por conseguinte, um mandamento, é algo que está vinculado à minha vontade simplesmente como um fundamento, jamais como efeito; alguma coisa que não se presta à minha inclinação, mas a suplanta, ou pelo menos a exclui inteiramente do cálculo envolvido no fazer uma escolha; em outras palavras, a lei em seu direito próprio. Deve, pois, uma ação praticada por dever afastar inteiramente a influência da inclinação e com ela todo objeto da vontade, então nada permanece que pudesse determinar a vontade, exceto objetivamente a *lei* e subjetivamente o *puro respeito* por essa lei prática e, portanto, a máxima de obedecer a tal lei, ainda mesmo às expensas de todas as minhas inclinações. (F 400)

Isso deixa obscuro o que seja exatamente o respeito; e não fica muito esclarecido em sua própria tentativa de explicá-lo.

> Poderia ser-me objetado que, por detrás da palavra *respeito*, apenas busquei refúgio num sentimento obscuro, ao invés de dar informação clara sobre esta questão por meio de um conceito da razão. Porém, embora o respeito seja, de fato, um sentimento, não é um sentimento *recebido* por influência, mas um sentimento *autoproduzido* por meio de um conceito da razão, e assim é especi-

ficamente distinto de todos os sentimentos da primeira espécie, que se podem reportar à inclinação ou ao medo. Aquilo que eu reconheço imediatamente como lei para mim, reconheço-o com um sentimento de respeito que não significa senão a consciência da *subordinação* de minha vontade a uma lei, sem intervenção de outras influências sobre a minha sensibilidade. A determinação imediata da vontade pela lei e a consciência dessa determinação é chamada *respeito*, de modo que este é considerado como o *efeito* da lei sobre o sujeito e não como sua *causa*. O respeito é propriamente a representação de um valor que destrói meu amor-próprio. (F 401n)

Desse modo, é o respeito realmente um tipo particular de sentimento, ou precisamente uma consciência racional da lei moral? Kant parece ambivalente. Mais tarde, na *Fundamentação*, ele parece recuar em favor da ideia de que é necessário "interesse", além e acima da consciência da lei moral, se nós devemos ser motivados para a ação. Ele admite ser misterioso como o interesse se reporta à lei moral.

Interesse é aquilo pelo que a razão se torna prática, isto é, aquilo pelo que ela se torna uma causa determinando a vontade. (F 459n)

Para querer aquilo que a razão apenas, na forma de um "dever", prescreve para um ser racional afetado pela sensibilidade, é certamente exigido que a razão tenha o poder de *infundir um sentimento de prazer* ou bem-estar ao cumprimento do dever, e assim é exigida uma causalidade da razão, pela qual ela pode determinar a sensibilidade em concordância com seus princípios. Entretanto, é inteiramente impossível entender, isto é, tornar compreensível *a priori*, como um mero pensamento, que nada contém em si de sensível, pode produzir um sentimento de prazer ou desprazer ... Portanto, para um ser humano é inteiramente impossível explicar como e por que *a universalidade da máxima como lei* e, por conseguinte, a moralidade, deva nos interessar. (F 460)

Entretanto, ele tornou isso mais claro com o correr do tempo. É simplesmente minha consciência racional da lei objetiva que me motiva. Não há razão para assimilá-la a um sentimento, que é algo bem diferente e não racional. Desse modo,

> não há no sujeito *anteriormente* à ação nenhum sentimento determinado em relação à moralidade. Isso é impossível, pois todos os sentimentos são sensíveis, enquanto o motivo da disposição moral tem de ser livre de toda condição sensível ... E, por conseguinte, o respeito pela lei não é a motivação da moralidade, porém, bem mais, a própria moralidade, subjetivamente considerada como uma motivação; pois, destruindo todas as pretensões do amor-próprio que a ela se opõem, a razão pura prática produz a estima pela lei, que então tem influência sozinha. (CRPR 75-6)

As dificuldades de Kant são devidas ao fato de que sua ideia é nova e importante. Uma lei inteiramente objetiva – independente das "condições contingentes da humanidade" (F 408) e obrigando, por direito próprio, todos os seres racionais em geral – pode motivar-nos a agir simplesmente por meio da consciência que dela temos; e nenhum ser racional pode ser consciente dela sem a reconhecer como uma razão para a ação. Ela é, portanto, objetiva num sentido muito forte, vigendo completamente independente do que alguém pensa ou sente a seu respeito, mas ela é também prescritiva.

Isso é coerente? Alguns dirão não, embora apresentem um argumento insuficiente.[5] A resposta de Kant é que a lei moral tem essencialmente o mesmo *status* que os princípios da inferência teórica. Também estes são objetivos e prescritivos. Eles não nos orientam na ação e sim na argumentação, mas de outro modo o paralelo vigora: ninguém poderia reconhecer um princípio como "se *P*, e se *P* então *Q*, então *Q*" senão vendo que ele constitui uma *razão* para inferir "*Q*", dada a verdade das premissas.

> Mas como é possível a consciência da lei moral? Podemos nos tornar conscientes de leis puras práticas da mesma maneira

5 Vide Mackie, *Ethics*, p.38-42, e J. MacDowell, Aesthetic value, objectivity, and the fabric of the world, in E. Schaper (Ed.), *Pleasure, Preference and Value*. Cambridge: Cambridge University Press, 1983, p.4.

pela qual somos conscientes de princípios teóricos puros, atentando para a necessidade com a qual a razão os prescreve e colocando de lado todas as condições empíricas que a razão ordena. (CRPR 30)

Alguns objetariam que ação e argumentação são demasiado diferentes para autorizar-nos a falar da razão como "prescritiva" no mesmo sentido em ambos os casos. Alguém pode conhecer o que deve fazer e, no entanto, deixar de fazê-lo; pode alguém ver que suas premissas contêm uma conclusão e, no entanto, recusar-se a extraí-la? Isso é discutível, mas talvez se possa. Certamente, isso seria irracional, mas o autoengano frequentemente parece proceder desse modo: uma pessoa se recusa a extrair uma conclusão (por exemplo, que seu filho está morto) ainda mesmo que essa pessoa possa ver que isso se segue de premissas verdadeiras.

Outros negariam que esse tipo de princípio possa ser *objetivamente* obrigatório para nós: objetivamente, isto é, no sentido que Kant quer. Princípios teóricos, diriam eles, são apenas hábitos do pensamento humano, derivando de nossa psicologia e de "condições contingentes da humanidade". Hume sustentou isso, justamente como sustentou que nossos princípios morais são o desenvolvimento natural de atitudes pertencentes à natureza humana. Outros o sustentaram desde então, notavelmente Quine, que considera essas características da psicologia humana como o resultado natural da evolução.[6] Isso importa numa rejeição de todo *a priori*.

> Nada pior poderia suceder para esses esforços (meus) do que se alguém fizesse a inesperada descoberta de que nem há, nem poderia haver, qualquer conhecimento *a priori*. Apenas que não há qualquer perigo disso. Isso redundaria em alguém querer demonstrar por meio da razão que não há razão nenhuma. Pois somente dizemos que conhecemos algo por meio da razão quando

6 W. V. Quine, Natural Kinds em seu *Ontological Relativity and Other Essays*. New York: Columbia University Press, 1969.

estamos conscientes de que teríamos podido conhecê-lo ainda mesmo que não se nos tivesse apresentado dessa maneira na experiência; de modo que conhecimento racional e conhecimento *a priori* são uma e a mesma coisa. Querer extrair necessidade a partir de uma proposição empírica, "como água de pedra-pomes", e querer com ela dotar um juízo da verdadeira universalidade que acompanha a necessidade (e sem a qual não há inferência racional e, por conseguinte, nenhuma inferência por analogia, desde que analogia presuma pelo menos uma universalidade e necessidade objetiva e, desse modo sempre as pressuponham) –, isso seria uma completa contradição. Substituir por necessidade subjetiva, isto é, costume, a necessidade objetiva, que só pode ocorrer em juízos *a priori*, resulta em negar à razão poder de julgar acerca de um objeto, isto é, conhecê-lo e conhecer o que é verdadeiro a seu respeito. Resulta em negar, por exemplo, quando alguma coisa ocorreu frequentemente, e sempre depois de uma circunstância particular precedente, que possamos *inferir* uma da outra (pois isso requereria necessidade objetiva e o conceito de uma conexão *a priori*). Ao invés disso, poderíamos apenas esperar por casos similares, do mesmo modo como o fazem os animais. Isso seria rejeitar o conceito de causa como fundamentalmente falacioso e como mero engano do pensamento. (CRPR 12)

Hume empreendeu precisamente um tal ataque ao conceito de causa, e não encontrou base além do costume ou hábito para nossa expectativa indutiva de que regularidades passadas persistirão no futuro. A objeção de Kant é que, sem tais princípios *a priori,* nada podemos conhecer: para obter conhecimento a partir da experiência, nós precisamos *interpretar* a experiência, e só podemos interpretar a experiência se tivermos princípios para interpretá-la – princípios que a própria experiência não pode fornecer. Essa objeção constitui a base de sua resposta em larga escala a Hume, desenvolvida na *Crítica da razão pura,* onde ele defende o princípio indutivo e o conceito de causa como de todo indispensáveis para qualquer conhecimento. No presente contexto, ele pensa que não necessita insistir nesse ponto, pois ele acredita que até mesmo Hume admitia que nós temos *algum* conhecimento *a priori*.

> *Hume* estaria bem contente com esse *sistema de empirismo universal* em princípios ... Mas nem mesmo Hume tornou seu empirismo tão universal para incluir nele a matemática ... Se tomarmos, porém, o empirismo dos princípios *universalmente*, com isso até a matemática seria incluída. (CRPR 13)

Kant pensa que uma negação tão radical do *a priori* seria absurda.

> Nessa época filosófica e crítica, é difícil tomar a sério esse empirismo, e ele é presumivelmente colocado apenas como um exercício para a faculdade judicativa e com vistas a pôr sob luz mais clara, por meio do contraste, a necessidade que pertence aos princípios racionais *a priori*. De modo que podemos ser gratos para com aqueles que querem se ocupar com uma tarefa de resto não instrutiva. (CRPR 14)

Em realidade, ele estava errado a respeito de Hume. Hume quis rejeitar inteiramente o *a priori*.[7] Também Quine nega *status a priori* até mesmo aos princípios lógicos elementares. Contra isso, Kant afirma que tais filósofos se fiam, eles mesmos, em princípios racionais, e não poderiam argumentar a não ser que os aceitassem como válidos. Ele poderia também ter empregado seu argumento de que sem princípios *a priori* nenhum conhecimento da experiência seria possível. E se ainda que mesmo um princípio teórico tem de ser admitido como objetivo e prescritivo, não pode haver força na objeção de que prescrições objetivas são impossíveis.

Isso não estabeleceria que princípios morais *são* objetivamente obrigatórios. Aqui Kant está se esforçando por mostrar apenas que essa é a concepção de moralidade subjacente ao pensamento vulgar. O primeiro capítulo da *Fundamentação* termina afirmando que a análise dessa concepção necessita

7 Essa é, pelo menos, uma leitura plausível do *Tratado* de Hume. Porém Kant não poderia tê-la conhecido, desde que partes relevantes não tinham sido traduzidas em alemão.

ser levada adiante. Antes disso, entretanto, ele introduz um ponto subsequente: a lei deve ser uma lei *universal*.

> Mas que tipo de lei pode ser esta, cuja representação deve determinar a vontade mesmo sem considerar os resultados dela esperados, se essa vontade deve ser denominada boa absolutamente e sem qualificação? Uma vez que eu subtraí da vontade todo impulso sensível que para ela poderia surgir em consequência da obediência a alguma lei, nada permanece que possa servir à vontade como seu princípio, exceto a conformidade universal com a lei das ações em geral. Isso significa dizer, eu jamais devo agir exceto de tal maneira *que eu possa também querer que minha máxima deva se tornar uma lei universal*. Aqui é então a mera conformidade com a lei em geral (sem tomar por base nenhuma lei particular para ações específicas) que serve à vontade como princípio e tem de servir a ela para isso, se o dever não deve ser em geral um engano vazio e um conceito quimérico. Com isso concorda completamente a razão humana vulgar em seus julgamentos práticos e tem esse princípio constantemente diante dos olhos. (F 402)

Devemos retornar à questão do por que ela tem de ser universal. Mas Kant *não* está dizendo aqui que não pode haver nada para a lei, exceto a mera forma da universalidade. Ele está dizendo apenas que a vontade deve obedecer à lei universal em razão dela mesma, não em razão de algum resultado ou retribuição, nem de nada que seja específico de um caso particular e intrinsecamente não universal.

Uma questão final emerge a respeito do dever. O que dizer de alguém que, por um extravagante senso de dever, pratica atos profundamente perversos? Não teria Kant de dizer que tais ações têm valor moral? Não.

> Tome por exemplo um inquisidor, que adere firmemente à exclusividade de sua fé estatutária, a ponto de martirizar pessoas e que tem de julgar um assim chamado herege (que é, aliás, um bom cidadão) acusado de descrença. Ora, pergunto eu se poderíamos dizer, caso o condene à morte, que ele seguiu sua (indubitavelmente errônea) consciência, ou se, antes, não poderíamos

acusá-lo de uma completa *falta de consciência*; se ele precisamente errou ou conscientemente agiu errado. (R 186)

Pois agir por consciência – agir por um senso de dever – é agir como exige a razão pura prática; em outras palavras, obedecer à lei moral. "Consciência é a razão prática mantendo diante de uma pessoa o seu dever, para sua absolvição ou condenação, em todo caso que se apresenta sob uma lei" (MC 400). O inquisidor não ouve a voz da razão prática. Ele confundiu seus próprios sentimentos com a exigência racional da moralidade. Isso é fácil de fazer, como Kant o diz ao final do primeiro capítulo da *Fundamentação*. Isso é, porém, uma fundamental fraqueza moral, que só pode ser curada por reflexão e ouvindo a voz da razão.

# O IMPERATIVO CATEGÓRICO

O segundo capítulo da *Fundamentação* leva adiante a análise, mas como anteriormente a ênfase era dada à prescritividade da lei moral, agora a ênfase é dada à sua racionalidade. Dizer que a lei moral é racional, ou conhecida pela razão pura prática, significa dizer que ela é conhecida *a priori*. Ela não pode ser apreendida da experiência, e Kant pretende que a explicação dada por Hume à moralidade, unicamente como produto de atitudes humanas naturais, é inconsistente com a visão vulgar: "não podeis negar que sua lei é de tão abrangente significação que ela vigora não apenas para seres humanos, mas para *todo ser racional em geral*" (F 408). Isso é plausível; as pessoas normalmente pensam que os fundamentos da moralidade seriam abalados, se Hume pudesse ter demonstrado estar certo.

Depois de ter introduzido a lei moral como um imperativo categórico, ele novamente parece fazer supor que este deve ser formal e vazio.

> Mas, se penso um imperativo *categórico*, conheço imediatamente o que ele contém. Pois, dado que o imperativo nada contém além da lei e da necessidade que a máxima seja conforme a essa lei; e uma vez que a lei não contém qualquer condição que a limite; nada mais permanece senão a universalidade da lei em geral à qual a máxima da ação deve ser conforme, e é essa conformidade apenas que apresenta o imperativo propriamente como necessário.
>
> Existe, portanto, somente um único imperativo categórico e ele é o seguinte: *age unicamente segundo uma máxima tal que ao mesmo tempo possas querer que ela se torne uma lei universal.* (F 420-1)

Isso é enganoso. Ao simplificar excessivamente, Kant cria problemas desnecessários para o leitor. Ele não está dizendo que a lei não tem conteúdo. Ela "não contém condições que a limitem" porque ela não está subordinada a nenhuma meta, à maneira de um imperativo hipotético. Com o imperativo categórico, tudo o que é exigido é que a máxima deva conformar-se à lei. Ora, Kant pensa que a lei deve ser universal e que deva ter algo importante a ver com o *querer*. Nenhum desses pontos é imediatamente óbvio, ainda que seja conveniente para ele disfarçar a esse respeito. Ambos requerem comentário, que ele deixa de fornecer onde mais necessitamos dele. Em ambos os casos, contudo, é a racionalidade da lei moral que o faz pensar que ela deva ter a característica em questão.

O que significa chamá-la universal? Não exatamente que ela se aplica a todos os seres racionais; também que ela exige de nós tratar igualmente casos iguais. Isso parece razoável, pois é parte de nossa concepção vulgar de moralidade. É possível que casos exatamente similares raramente ocorram, mas seria excêntrico sustentar que, se dois casos exatamente similares ocorressem, aquilo que fosse certo em um deles poderia ser errado no outro.

O que constitui "exata similaridade"? Claramente, Kant pensa que duas situações podem ser exatamente similares, ainda que sejam diferentes quanto ao tempo, ao lugar e aos indivíduos concernidos. Mas que outras características podemos abstrair daí? Para Kant, não há aqui realmente nenhum problema. Ele está interessado não diretamente na ação, mas na máxima do agente: o princípio segundo o qual o agente atua. O agente, talvez, necessite de dinheiro e se decida a emprestá-lo, com a intenção de não o restituir. Ele pode não formular conscientemente nenhum princípio geral, ou máxima, mas uma vez que nós conhecemos suas razões para adotar esse curso de ação, podemos formular seu princípio em termos gerais: "sempre que acredito estar carente de dinheiro, devo tomar dinheiro emprestado e prometer pagá-lo, ainda mesmo que eu saiba que isso nunca ocorrerá" (F 42). Se essa for a sua máxima, outra ação será exatamente similar em relevante proporção se seu agente – quem quer que possa ser – age segundo a mesma máxima. E querer que ela deva se tornar uma lei universal é querer que cada um deva agir segundo ela.

Por que devo eu agir unicamente segundo aquela máxima que eu posso ao mesmo tempo querer que se torne uma lei universal? Porque se uma ação é correta para mim, ela é correta para cada qual; e se ela não é justa para mim, ela é errada. A formulação de Kant tem o desígnio de me auxiliar a identificar certas ações como erradas. Mais exatamente: é a máxima que se revelou estar errada, ações, porém, podem sempre ser descritas de diferentes maneiras – como "John está fazendo uma falsa promessa", ou como "aquela ação que leva ao aprisionamento de John" –, e se consideramos a ação pela descrição dada a ela pela máxima do agente, então podemos dizer que a ação é errada. (Nesse caso, seria "John está tomando dinheiro emprestado com a falsa promessa de restituí-lo, porque ele acredita que necessita de dinheiro".)

Se uma ação é errada, então abster-se dela deve ser obrigatório; e se a *abstenção* de uma ação fosse errada – não o tipo de coisa que poderíamos desejar que se tornasse uma lei universal –, a própria ação deveria ser obrigatória. Haverá também casos em que é possível querer uma máxima como uma lei universal, mas também possível, de maneira igualmente universal, querer sua negação ou várias alternativas para ela. Um exemplo seria "Devo ter sempre mingau no café da manhã".

> Por imperativos categóricos certas ações são *permitidas ou proibidas*, isto é, moralmente possíveis ou impossíveis, enquanto outras delas, ou seu oposto, são moralmente necessárias, isto é, obrigatórias. (MC 221)

Onde entra o dever? Uma pessoa age por dever unicamente se pratica uma ação obrigatória *porque* ela é obrigatória, ou se abstém de uma que é proibida *porque* é proibida. Uma ação, ou máxima, aprovada no teste de Kant, demonstra-se não ser errada, mas a questão de se saber se uma ação é certa ou errada é questão de se saber se ela está em *conformidade com* a lei. Como vimos, pode-se praticar uma ação que é obrigatória, sem que a ação tenha qualquer "valor moral", porque não se agiu por dever. Se alguém age por dever, de fato, sua máxima muda: como Kant diz, "incorpora-se a lei moral em sua máxima", que agora se torna algo como: "devo fazer o que quer que seja que a lei exija, o que nesta situação é XYZ".

Isso tudo é essencial para compreender a estratégia de Kant; ele não explica nada disso no ponto relevante. Antes de prosseguir para considerar alguns exemplos, ele reformula o imperativo categórico.

> Posto que a universalidade da lei pela qual efeitos ocorrem constitui aquilo que propriamente denominamos *natureza* no sentido mais geral (com respeito à sua forma), isto é, a existência das coisas na medida em que é determinada por leis universais, o imperativo categórico do dever poderia também enunciar-se: *age como se a máxima de tua ação devesse se tornar por tua vontade uma* lei universal da natureza. (F 421)

Até agora vimos um argumento para dizer que se uma máxima é correta para mim, ela deve ser correta para qualquer outra pessoa. Ora, Kant diz: tudo estaria inteiramente certo se *todos* os demais em conjunto tivessem de agir mediante ela. Isso não é imediatamente óbvio. Onora O'Neill indica que não estaria tudo certo se cada qual agisse segundo a máxima: "eu devo comprar trens de brinquedo quando eu quiser, mas não devo vender nenhum deles", pois então não haveria ninguém para comprar trens de brinquedo.[8]

Essa é a nova versão que Kant quer empregar como um teste prático para máximas. Ele indica que esse é um teste ao qual as pessoas recorrem na vida comum.

8 O. Nell (=O. O'Neill), *Acting on Principle*. New York: Columbia University Press, 1975, p.76.

> Em realidade, cada um julga ações segundo essa regra, para ver se elas são moralmente boas ou más. Pois as pessoas dizem: "Se cada qual se permitisse enganar quando acreditasse que isso viesse em seu proveito, ou pensasse ser próprio encurtar sua vida quando estivesse inteiramente enfadado dela, ou considerasse as carências de outrem com completa indiferença, e se vós mesmo vos encontraríeis em uma tal ordem de coisas, estaríeis realmente nela com a concordância da vossa vontade?"... Mas tal lei da natureza é um *modelo* [*Typus*] para o estabelecimento de máximas em conformidade com princípios morais. Se a máxima da ação não é constituída de tal maneira que ela possa suportar o teste na forma de uma lei universal da natureza, ela é moralmente impossível. Ainda mesmo o mais vulgar entendimento julga dessa maneira; pois a *lei da natureza* jaz sempre na base da maior parte de seus juízos cotidianos, até mesmo juízos de experiência. (CRPR 69-70)

É verdade que frequentemente perguntamos: "O que seria se cada um fizesse isso?". Mas poderia ser objetado que o exemplo dos trens de brinquedo mostra que essa seria a pergunta errada a se fazer.

A objeção seria errônea. Se uma máxima é correta para mim, ela deve ser correta para qualquer outra pessoa; e se ela é correta para qualquer outra pessoa, ela deve ser igualmente correta se todos em conjunto a adotam e agem segundo a mesma. De outra maneira teria de haver algum modo de determinar quem poderia agir segundo ela e quem não poderia. O exemplo do trem de brinquedo é falacioso a esse respeito. O que torna aceitável o expediente de comprar trens de brinquedo e nunca os vender é que o agente está bem consciente de que outras pessoas estão totalmente felizes em vendê-los. Se a sua máxima é: "Devo comprar trens de brinquedo e não os vender, contanto que outros queiram vendê-los", não há qualquer dificuldade.

Kant nos oferece quatro exemplos; o mais claro é o da falsa promessa. Sua objeção é que a máxima não pode ser justa, porque não posso querer que cada qual deva agir em conformidade com ela.

> Eu transformo, pois, a exigência do amor-próprio em lei universal e formulo a questão da seguinte maneira: como seria se minha máxima se tornasse uma lei universal? Vejo então imediatamente que ela jamais poderia vigorar como lei universal da natureza e concordar consigo mesma; ao invés disso, ela deveria necessariamente estar em contradição consigo mesma. Pois a universalidade da lei segundo a qual todo aquele que se acreditasse em necessidade poderia prometer aquilo que quisesse, com a intenção de não cumprir sua promessa, tornaria impossível o próprio prometer, bem como a finalidade que se pretende alcançar com isso. Pois ninguém acreditaria que algo lhe estivesse sendo prometido, mas riria de todas essas declarações, como de vãs simulações. (F 422)

Ele pensa que não poderia haver um estado de coisas no qual todos fizessem falsas promessas sempre que isso fosse conveniente. A máxima "não pode sequer ser *concebida* como uma lei universal da natureza sem contradição" (F 424). Entretanto, isso não é totalmente correto. Não há contradição sem uma suposição empírica de que as pessoas não continuarão confiando em promessas mútuas, a despeito de elas nunca serem cumpridas. Então temos uma contradição: as pessoas fazem promessas, mas não pode haver alguma coisa tal como o prometer. Todavia, um argumento similar pareceria excluir a máxima: "Deixa-me sempre recusar subornos": se cada qual sempre recusasse subornos, a prática de subornar não existiria. Qual a diferença?

Com o prometer, a contradição realmente se encontra na vontade, a despeito de uma asserção de Kant em contrário (F 424). Eu almejo tirar proveito da prática de prometer e, portanto, quero que a prática continue. Todavia, eu almejo também querer algo inconsistente com isso. Com a recusa de subornos não há tal conflito. Eu não quero que a prática continue.

Falsas promessas dizem respeito às minhas relações com outras pessoas. Como um exemplo paralelo, no qual uma máxima concernente apenas a mim mesmo dá ensejo a uma contradição similar, Kant nos oferece: "por amor-próprio, eu transformo em meu princípio encurtar minha vida se o seu prolongamento acarreta mais sofrimentos do que promete em prazeres" (F 422). Ele afirma:

> A única questão que permanece é se esse princípio do amor-próprio pode se tornar uma lei universal da natureza. Mas vê-se logo que uma natureza cuja lei fosse destruir a própria vida, por meio do mesmo sentimento cuja função é promover a manutenção da vida, contradiria a si mesma e, desse modo, não poderia existir como natureza. Por conseguinte, não poderia ser possível àquela máxima vigorar como uma lei universal da natureza e consequentemente ela é inteiramente oposta ao princípio supremo de todo dever. (F 422)

Ele não afirma haver algum conflito imediato envolvido na decisão do suicídio por motivo de amor-próprio; como antes, o conflito aparece somente quando a máxima é admitida para vigorar como uma lei universal. Mais uma vez, isso depende de uma suposição empírica, porém de uma menos óbvia. É a de que se as pessoas *sempre* se suicidassem quando as coisas parecessem negras, por um desejo de maximizar sua completa felicidade na vida, então esse seu objetivo poderia realmente ser anulado. Isso não é implausível, entretanto, uma vez que as pessoas frequentemente consideram suas perspectivas futuras como muito piores do que realmente são. Admitida aquela suposição, temos um conflito paralelo àquele do exemplo da falsa promessa. Almejo maximizar minha completa felicidade; mas almejo também querer algo que, em sua forma universal, não maximiza felicidade, porém a reduz.

Esse não é um argumento geral contra o suicídio. Nem o outro é, de fato, um argumento geral contra falsas promessas. Eles sustentam que uma *máxima* particular deve estar errada em razão de que, se ela fosse correta para mim, ela teria de ser correta para cada um e que isso leva a uma incoerência. Kant acreditava que falsas promessas são sempre erradas, mas isso não decorre do que ele afirma aqui. E ele certamente não pensa ter mostrado que o suicídio é sempre errado.

> Pode alguém imputar uma intenção criminosa a um grande monarca falecido há não muito tempo, porque trazia consigo um veneno de ação rápida, presumivelmente com o propósito de, se fosse capturado em guerra, quando conduzia suas tropas, não ser forçado a aceitar condições de resgate que poderiam ser prejudiciais ao Estado? (MC 423)

O monarca era Frederico, o Grande, que Kant admirava, e isso aparece na *Metafísica dos costumes* como uma das "questões casuísticas", questões a que Kant não responde por meio de simples apelo a regras.

O terceiro e quarto exemplos, ele os considera, na *Fundamentação,* diferentes dos dois primeiros num importante sentido. As máximas a serem testadas são: "Devo deixar embotar meus talentos e devotar minha vida unicamente ao gozo" e "Não devo atentar para as carências alheias". Em ambos os casos, Kant pensa que poderia existir uma sociedade onde cada qual agisse segundo a máxima concernida, e ele pensa que os habitantes dos mares do Sul deixam fenecer seus talentos. O que é errado ao proceder assim é que

> ao agente não é possível *querer* que isso deva constituir uma lei universal da natureza, ou que devesse ser implantada em nós como por meio de um instinto natural. Pois, como um ser racional, ele necessariamente quer que todas as suas capacidades devam ser desenvolvidas, pois elas servem a ele e lhe são dadas para toda sorte de propósitos possíveis. (F 423)

Analogamente com relação à negligência para com as carências alheias:

> embora seja possível que uma lei universal da natureza possa existir em conformidade com essa máxima, é impossível querer que um tal princípio vigore por toda parte como uma lei universal. Pois uma vontade que decidisse desse modo conflitaria consi-

go mesma, posto que certas situações poderiam se originar, nas quais a pessoa em questão carecesse do amor ou da compaixão de outrem e, por meio de uma tal lei da natureza brotada de sua própria vontade, esse alguém ter-se-ia privado de toda esperança da assistência que deseja para si. (F 423)

Em ambos os casos, a objeção consiste em que é impossível *querer* alguma coisa. Se por "querer" ele quer dizer "desejar", como às vezes se pensa, ele estaria errado em ambos os casos. Mas Kant tem uma concepção especial do querer. Querer é desejar racionalmente. Ele afirma isso, um pouco antes no segundo capítulo, embora muito sumariamente e sem qualquer indicação acerca de quão importante é esse ponto.

> Unicamente um ser racional tem a capacidade de agir *em conformidade com a ideia* de leis, isto é, em conformidade com princípios; em outras palavras, ele tem uma *vontade*. Uma vez que, para derivar ações de leis, a *razão* é requerida, a vontade nada mais é então do que razão prática. (F 412)[9]

Por que deve todo ser racional necessariamente querer que todas as suas capacidades sejam desenvolvidas? Por que deve todo ser racional necessariamente querer complexos projetos de tipo solidário com a necessidade de cooperação com outras pessoas? Kant não o diz aqui; ele nem mesmo torna adequadamente claro que há coisas que a razão exige de nós que as queiramos. Sabemos, porém, quais são elas pela *Metafísica dos costumes*; a própria perfeição e a felicidade dos outros. Ele teria evitado muito mal-entendido se tivesse se

9 O texto correspondente, no original alemão, é o seguinte: "*Nur ein vernunftiges Wesen hat das Vermögen, nach der Vorstellung der Gesetze, d. i. nach Principien, zu handeln, oder einen* Willen. *Da zur Ableitung der Handlungen von Gesetzen Vernunft erfordert wird, so ist der Wille nichts anders als praktische Vernunft*". Considerando o sentido específico do termo *Idee (ideia)* no sistema do idealismo crítico kantiano, julgou-se conveniente, nessa passagem, reproduzir o termo original (*Vorstellung*= representação), que a versão inglesa traduz por *ideia* (N. T.).

pronunciado nesse ponto. Uma pessoa não pode promover integralmente a própria perfeição sem desenvolver todas as suas capacidades; nem pode promover a felicidade alheia sem o auxílio e a assistência delas.

Por não ter explicado isso na *Fundamentação*, ele torna capcioso o modo como pode reformular o imperativo categórico, em termos de tratar pessoas como fins em si mesmos, e o declara equivalente às outras formulações. "Age de modo tal que trates a humanidade, em tua própria pessoa e na pessoa de todo outro ser humano, nunca simplesmente como um meio, mas sempre ao mesmo tempo como um fim" (F 429). Como vimos antes, a *Fundamentação* deixa vago o que se tem em mente com "tratar pessoas como fins", ainda que ele nos ofereça alguma ideia, conduzindo-nos de novo por quatro exemplos, e mostrando como, em cada caso, as máximas implicadas tratariam as pessoas como meios.

Ele reformula o imperativo categórico duas vezes mais, para apresentar duas ulteriores ideias: a de autonomia e a de reino dos fins. Elas acrescentam relativamente pouco.

O princípio da autonomia é chamado "princípio supremo da moralidade":

> Autonomia da vontade é a propriedade da vontade pela qual ela é uma lei para si mesma (independentemente de qualquer propriedade dos objetos da volição). O princípio da autonomia é, portanto: jamais escolher senão de modo que as máximas da escolha estejam ao mesmo tempo compreendidas no mesmo querer como lei universal. (F 440)

Porque a vontade é racional, ela é uma lei para si mesma na exata medida em que a escolha do agente se conforma unicamente com as exigências da razão – razão pura prática – e, por conseguinte, com o imperativo categórico. Uma pessoa pode também fazer escolhas que só são racionais dependendo dos meios para atingir algum fim que deseja que ocorra.

Aqui, racionalidade é somente a racionalidade de um imperativo hipotético.

> Se a vontade busca a lei que deve determiná-la *em qualquer outra parte* além da aptidão de suas máximas para sua própria legislação universal e, portanto, se ela vai além de si mesma e busca a lei na propriedade de algum de seus objetos, daí sempre resulta *heteronomia*. Pois a própria vontade não dá a si mesma a lei; ao invés disso, os objetos dão a lei para a vontade, por meio de sua relação com ela. Tal relação, dependa ela da inclinação ou de representações da razão, torna possível apenas imperativos hipotéticos. (F 441)

A vontade não é, então, uma lei para si mesma, uma vez que ela não fornece a si própria uma finalidade; ao invés disso, ela a recebe de outra parte. Por conseguinte, ela é "heterônoma", não autônoma.

Quando a vontade é autônoma, ela pode ser vista como outorgando a si mesma a lei, pois, querendo o imperativo categórico, ela é puramente racional e não dependente de qualquer desejo ou inclinação exterior à razão. Por consequência, Kant diz: "a ideia de autonomia é a ideia *da vontade de todo ser racional como vontade universalmente legisladora*" (F 431). Isso *não* significa que a lei moral seja arbitrariamente inventada. Ela não é mais arbitrariamente inventada do que o são as leis da lógica. Mas, como as leis da lógica, ela é prescritiva e instituída pela razão por motivos puramente racionais, sem recorrer a nada que não seja racional. Na medida em que sou autônomo, legislo para mim mesmo exatamente a mesma lei que todo outro ser racional autônomo legisla para si. A metáfora da legislação implica prescritividade, não que haja qualquer lugar para arbitrariedade.

Seres racionais são fins em si mesmos. Se todos eles agissem racionalmente, de conformidade com a lei moral, eles constituiriam uma sociedade idealmente harmônica, em que cada qual seria governado por essa lei; um "reino dos fins".

> Por reino entendo a união sistemática dos diferentes seres racionais por meio de leis comuns. Ora, leis determinam fins de conformidade com sua validade universal. Portanto, se fazemos abstração das diferenças pessoais entre os seres racionais, do mesmo modo que dos conteúdos de seus fins privados, deve ser possível conceber uma totalidade de todos os fins (aqueles dos seres racionais como fins em si mesmos e também os fins individuais que cada ser racional deve colocar para si mesmo) em interconexão sistemática – isto é, um reino dos fins, que é possível segundo os princípios acima. (F 433)

Aqui cada qual pode ter seus próprios fins individuais, seus próprios "projetos", porque a lei moral nos permite ter tais fins, embora apenas na medida em que eles não interfiram com outros, como vimos antes. Tal reino dos fins é possível, porém, é claro, não real; "contudo, essa lei permanece em sua plena força, porque ela ordena categoricamente: age de acordo com máximas de um membro legislador universal de um reino dos fins simplesmente possível". (F 439)

Essa versão final do imperativo categórico é realmente quase uma maneira mais romântica de expressá-lo; ou, como ele o sugere em outro lugar, mais mística.

> Intitulo o mundo, tal como ele seria se estivesse em conformidade com todas as leis morais – como, de fato, ele *pode* ser, dada a *liberdade* dos seres racionais e como *deve* ser, dadas as leis necessárias da moralidade –, um *mundo moral* ... A ideia de um mundo moral tem, por conseguinte, realidade objetiva ... quando ela é tomada como se aplicando ao mundo sensível, mas ao mundo sensível construído como um objeto da razão pura em seu uso prático, isto é, como um "corpo místico" dos seres racionais nele, na medida em que a livre vontade de cada um deles sob leis morais se mantém em permanente união sistemática consigo mesma e com a liberdade de todo outro. (A 808/B 836)

# UM FANTASMA DO CÉREBRO?

Ao final do segundo capítulo da *Fundamentação*, Kant afirma:

> Desenvolvendo o conceito de moralidade, geralmente em curso, mostramos apenas que a autonomia da vontade se encontra inevitavelmente vinculada a ele, ou antes jaz em seu fundamento. Portanto, quem quer que considere ser a moralidade alguma coisa real e não uma ideia quimérica carente de verdade, deve admitir ao mesmo tempo seu mencionado princípio. Este capítulo, portanto, como o primeiro, tem sido meramente analítico. Esta moralidade não é um fantasma do cérebro, o que se seguirá se o imperativo categórico, e com ele a autonomia da vontade, for verdadeiro e absolutamente necessário como um princípio *a priori*. Isso, porém, só pode ser demonstrado por meio de um *uso sintético possível da razão pura prática*; e não podemos nos aventurar nisso sem primeiro empreender uma *crítica* dessa mesma faculdade da razão. No último capítulo, devemos apresentar os traços capitais dessa crítica que são suficientes para nossos propósitos. (F 445)

A autonomia é fundamental, porque a ideia de autonomia é a ideia de um imperativo racional querido por motivos puramente racionais. A moralidade, porém, é mais do que uma ilusão?

O capítulo terceiro e final torna equivalentes autonomia e liberdade da vontade:

> pois, o que mais, de fato, pode ser então a liberdade da vontade senão autonomia, isto é, a propriedade da vontade de ser uma lei para si mesma? Porém a proposição: "a vontade é, em todas as suas ações, uma lei para si mesma" designa apenas o princípio de agir segundo nenhuma outra máxima que não aquela que possa

> ter-se a si mesma por objeto como lei universal. Esta é, porém, a fórmula do imperativo categórico e o princípio da moralidade. De modo que uma vontade livre e uma vontade sob leis morais são a mesma coisa. (F 446-7)

O principal interesse de Kant consiste em defender a tese de que a vontade é livre; pois sem vontade livre a ação moral não seria possível e não haveria lugar para responsabilidade moral. Porém, ele está errado ao *tornar equivalentes* vontade livre e autonomia, e ele não faz isso alhures. A liberdade que fundamenta a responsabilidade deve tornar possível para nós fazer tanto escolhas erradas quanto certas. Como ele o diz numa anotação: "A liberdade é o maior bem e o maior mal" (Rf 7217). De maneira que Kant deveria dizer que autonomia exige vontade livre, mas não é idêntica a ela.

Em textos posteriores, ele torna as coisas mais claras, distinguindo entre *vontade (Wille)* e *arbítrio (Willkur)*. Ambos os termos podem ser traduzidos por "vontade", mas um livre *arbítrio (Willkur)* é uma vontade no sentido vulgar do termo, capaz de escolha entre as exigências da moralidade e as exigências de nossos motivos e desejos não morais ("patológicos"). Todos temos livre *Willkur* (arbítrio), ainda mesmo o mais perverso de nós. "Satisfazer a exigência categórica da moralidade está em poder de cada um o tempo todo" (CRPr 36-7). *Wille* (vontade), entretanto, é a vontade considerada como puramente racional, e um livre *Wille* (vontade) é uma vontade autônoma. Por conseguinte, liberdade da vontade (*Wille*) exige liberdade do arbítrio *(Willkur)*, mas não é a mesma coisa que ela.

A liberdade de arbítrio *(Willkur)* que Kant defende é incompatível com o determinismo causal – a tese de que tudo o que ocorre tem alguma causa suficiente para produzi-lo. Quando as pessoas agem livremente, a vontade delas causa a ocorrência de coisas, mas nada causa tal vontade a escolher da maneira como o faz.

A *vontade* é um tipo de causalidade que têm os seres vivos, na medida em que são racionais, e a liberdade seria aquela propriedade dessa causalidade que permite que ela seja eficiente independentemente de causas externas *determinantes*. *Necessidade natural* é a propriedade da causalidade de todas as criaturas privadas de razão, pela qual elas são determinadas à atividade por meio da influência de causas externas. (F 446)

Ele é desdenhoso para com aqueles que tentam reconciliar vontade livre e determinismo, afirmando que podemos ser chamados livres sempre que fazemos escolhas não constrangidas, embora causalmente explicáveis.

Se digo de um homem que cometeu um latrocínio que, por leis naturais de causalidade, esse ato foi o resultado necessário de anteriores condições determinantes, de modo que era impossível que isso não devesse ter ocorrido; como pode um juízo em conformidade com a lei moral alterar isso? Como podemos supor que o ato poderia ter sido refreado, porque a lei diz que ele deveria ter sido refreado? Em outras palavras, como pode aquele homem ser chamado inteiramente livre ao tempo da ação e em relação a ela se, ao mesmo tempo e em relação à mesma ação, ele se encontrava submetido à necessidade natural? Alguns procuram uma saída, sugerindo que a *espécie* de condições que determinam sua causalidade por leis naturais se compatibiliza com um conceito *comparativo* de liberdade. De acordo com isso, o termo "efeito livre" é por vezes aplicado a alguma coisa cujas condições determinantes naturais são *internas* ao ser que produz o efeito. Um exemplo é a ação de um projétil, quando se encontra em movimento livre; aqui se emprega a palavra "liberdade" porque, enquanto ele está em voo, ele não é impelido de fora. De novo, chamamos movimento livre o movimento de um relógio, porque ele próprio dirige os ponteiros e estes não têm de ser empurrados de fora. Similarmente, as ações das pessoas são ainda (desse ponto de vista) chamadas livres, embora sejam também o resultado necessário de suas condições antecedentes determinantes, porque essas ações foram causadas internamente, de conformidade com nossa escolha, por pensamentos que nossos próprios poderes produzem e desejos produzidos em nós por circunstâncias que os causam. Porém esse é um miserável subterfúgio, por meio do qual alguns ainda se permitem transigir uma saída e pensam

> que, com um pequeno arranjo de palavras, resolveram aquele difícil problema, em cuja solução milênios trabalharam em vão e que, por conseguinte, dificilmente pode ser encontrada tão completamente à superfície. (CRPR 95-6)

Se a liberdade não fosse mais do que isso, ela não seria fundamentalmente melhor do que a liberdade de um espeto giratório, que também se move por si mesmo, desde que tenha sido posto em movimento (CRPR 97).

O comportamento dos animais pode ser determinado mecanicamente por qualquer uma de suas mais fortes inclinações, porém, como seres racionais, podemos escolher qual de nossas inclinações seguir e se obedecemos ou não à lei moral. Livre arbítrio (*Willkur*), em sentido próprio, é uma inalienável propriedade dos seres racionais; toda escolha que pode ser moralmente avaliada surge dele.

> Se buscamos sua origem racional, toda má ação deve ser vista como se o agente nela tivesse decaído diretamente do estado de inocência. Pois, qualquer que possa ter sido sua conduta prévia e quaisquer que sejam as causas naturais que o possam ter influenciado, independentemente de considerar se tais causas devem ser encontradas nele ou fora dele, sem embargo sua ação é livre e não determinada por nenhuma dessas causas. Por conseguinte, ela pode e deve sempre ser julgada como um uso *originário* de seu arbítrio (*Willkur*). Ele poderia ter refreado aquela ação, quaisquer que possam ter sido suas circunstâncias temporais e relações. Pois por meio de nenhuma causa no mundo, ele deixa de ser um ser que age livremente. (R 41)

Algumas pessoas atualmente pensam que a ação de alguém pode ser escusada se pudermos encontrar causas que a expliquem, porém Kant diverge firmemente disso e se acredita apoiado pela opinião popular.

> Há casos em que as pessoas se mostram, desde a infância, tão perversas, a despeito de uma educação que produziu bons resultados com outras pessoas, e tão desenvolvidas em perversidade

conforme progridem na idade adulta, que são consideradas vilãs natas e inteiramente incapazes de melhoria em seu modo de pensar acerca das coisas. Não obstante isso, elas são julgadas por aquilo que fazem e deixam de fazer, e são tidas por culpadas por seus crimes; e elas mesmas (as crianças) consideram isso plenamente justificado, como se elas permanecessem tão responsáveis quanto qualquer outra pessoa, a despeito da desesperadora disposição natural de ânimo atribuída a elas. Isso não poderia acontecer, a menos que admitamos que tudo aquilo que procede do arbítrio *(Willkur)* de alguém – como indubitavelmente o faz toda ação intencional – tem por base uma livre causalidade que, desde tenra idade, exprime o caráter daquela vontade em suas manifestações (ações). Por causa da uniformidade da conduta da pessoa, essas ações nos permitem reconhecer uma conexão natural, porém elas não tornam necessária a má natureza da vontade que é, ao invés disso, a consequência de perversos e imutáveis princípios livremente adotados e que a tornam sobremaneira reprovável e digna de punição. (CRPr 99-100)

Isso pode estar indo demasiado longe. Mas ele tem um forte argumento para afirmar que ações praticadas por respeito à lei moral não seriam possíveis se fôssemos apenas parte de um sistema determinista. Um sistema determinista de causas operando em nós poderia fazer que agíssemos em conformidade com a lei (e, portanto, legalmente), porém não que agíssemos por respeito à lei (de maneira que nossas ações pudessem ter valor moral). Para agir por respeito à lei uma pessoa tem de ser influenciada pela própria lei. Entretanto, a lei não é parte da ordem causal empírica. Por essa razão, ele denomina "transcendental" a liberdade que exige; ela

deve ser pensada enquanto independência de qualquer coisa empírica e, portanto, de toda natureza em geral ... Sem aquela liberdade (no sentido próprio do termo), que é apenas prática *a priori*, não é possível lei moral, nem qualquer avaliação moral. (CRPr 97)

À pergunta *por que* uma pessoa escolhe adotar a máxima moral, ou alguma alternativa, não há nada mais a ser dito senão que é escolha dela, embora possa ser tentador procurar levar a questão adiante.

> Nem o fundamento subjetivo, nem a causa dessa ação, podem ser conhecidos, ainda que seja inevitável indagar a respeito deles; pois, de outro modo, outra máxima seria necessária, na qual essa disposição estivesse incorporada, e essa outra máxima teria novamente de ter um fundamento. (R 25)

Todavia, há nisso uma dificuldade para o próprio Kant. Na *Crítica da razão pura* ele tinha chegado à conclusão de que realmente o determinismo causal deve ser verdadeiro para o mundo usual das pessoas e coisas no espaço e no tempo. De que maneira pode isso ser reconciliado com as exigências da vontade livre?

A *Crítica* argumentava que o mundo usual, empiricamente cognoscível – também chamado mundo sensível ou mundo das aparências (*phenomena*) –, é "transcendentalmente ideal". Esse é o mundo *tal como podemos conhecê-lo*, mas nosso conhecimento a respeito dele é tornado possível por um dispositivo de conceitos e pelo arranjo espaçotemporal das coisas, ambos devidos, em certo sentido, a nós e às nossas faculdades mentais. Esse mundo sensível pode ser contrastado com o mundo "tal como ele é em si mesmo", independentemente daquelas condições que o tornam cognoscível para nós. Esse mundo tal como é em si mesmo, Kant o denomina mundo inteligível, ou mundo dos *noumena*, pois ele pensa que este seria o mundo tal como seria conhecido por um puro intelecto, como o de Deus; desse mundo inteligível, porém, e das coisas em si mesmas que o constituem, nada podemos estritamente conhecer, ainda que a razão prática possa autorizar certas suposições acerca dele. Isso, pensa Kant, torna possível encontrar um lugar para a vontade livre.

> Resta ainda uma saída, que consiste em investigar se quando pensamos em nós mesmos por meio da liberdade, como causas agindo *a priori*, não estamos assumindo um ponto de vista

diferente daquele que adotamos quando pensamos em nós mesmos e nossas ações como efeitos que podemos ter diante dos olhos. (F 450)

Ver a nós mesmos como parte do mundo sensível é ver-nos e a todas as nossas ações como causalmente determinadas. No entanto,

> um ser racional deve considerar a si mesmo como *inteligência* (e, portanto, não a partir de seus poderes inferiores), não como pertencendo ao mundo sensível, mas antes ao mundo inteligível. Há, por conseguinte, dois pontos de vista a partir dos quais ele pode considerar-se e a partir dos quais ele pode conhecer leis governando o uso de seus poderes e, portanto, de todas as suas ações. Primeiramente, na medida em que pertence ao mundo sensível, ele pode considerar-se como submetido às leis naturais (heteronomia). Em seguida, uma vez que pertence ao mundo inteligível, ele pode considerar-se sob leis que são independentes da natureza e não empíricas, mas fundadas unicamente na razão.
>
> Como ser racional e, portanto, pertencente ao mundo inteligível, uma pessoa jamais pode pensar a causalidade de sua própria vontade senão sob a ideia de liberdade. Pois independência de causas determinantes do mundo sensível (que é aquilo que a razão tem sempre de atribuir a si mesma) é liberdade. (F 452)

Porque Kant pensa a livre escolha como realmente noumenal e, portanto, como se encontrando além do mundo que podemos conhecer, ele diz que não podemos explicá-la. "A razão ultrapassaria todos os seus limites se empreendesse *explicar como* a razão pura pode ser prática, o que seria exatamente o mesmo que a tarefa de explicar *como é possível* a liberdade." (F 458-9)

Mas se consideramos uma escolha particular, feita num tempo determinado, permanece a questão: ela é livre ou não? Ela não pode ser ambas as coisas. Dizer que ela é livre é dizer que as condições antecedentes *não* determinam a escolha; se ela não é livre, é porque elas *o fazem*. Os dois pontos de vista podem ser inevitáveis para nós, porém eles não podem ambos nos dar a verdade. Ainda que isso não fique explicitado na *Fundamentação*, parece que Kant realmente pensa que a escolha temporal particular é sempre determinada. O que é livre é uma escolha atemporal, pois o tempo é uma característica apenas do mundo sensível, e o mundo inteligível está fora do tempo.

> A razão pura, como uma faculdade puramente inteligível, não está sujeita à forma do tempo e, por conseguinte, não está sujeita às condições das séries temporais. Ao produzir um efeito, a causalidade da razão, em seu caráter inteligível, *não surge* ou tem início num certo tempo. De outro modo, ela própria estaria sujeita à lei da natureza que rege os fenômenos, na medida em que esta determina séries causais no tempo, e sua causalidade seria, portanto, natureza e não liberdade ... Pois a condição que reside na razão não é sensível e, portanto, ela mesma não começa a ser. (A 551-2/B 579-80)

> Ora, com vistas a remover a aparente contradição entre liberdade e mecanismo natural relativamente a uma mesma ação ... temos de nos recordar do que foi dito na *Crítica da razão pura* ou o que daí se segue: a necessidade natural, que não pode coexistir com a liberdade no sujeito, se aplica unicamente àquelas propriedades de uma coisa que se encontram submetidas à temporalidade e, consequentemente, apenas às propriedades do sujeito agente que a ele pertencem como fenômenos [isto é, no mundo sensível]. Nessa medida, os motivos de cada uma de suas ações jazem em coisas que estão no passado e *não mais em seu poder* e dentre tais motivos determinantes devem ser computados seus atos pretéritos e o caráter que, a seus próprios olhos, como fenômeno, é determinável por eles. Porém, este mesmo sujeito é, por outro lado, consciente de si como coisa em si e considera a própria existência *na medida em que não se encontra submetida à condição da temporalidade*, vendo-se como determinável unicamente por meio de leis que ele outorga a si mesmo por intermédio da razão. Nessa sua existência, não há nada antecedente para a determinação de sua vontade. Ao invés disso, toda ação, e em geral toda determinação de sua existência que se altera em conformidade com o sentido interno, ainda mesmo a inteira série dos estados que constituem sua existência

como ser sensível, deve ser vista, na consciência de sua existência inteligível, como nada mais que a consequência, nunca o motivo determinante, de sua causalidade como *noumenon*. (CRPr 97-8)

Ainda mesmo que faça sentido pensar a escolha fora do tempo, essa vontade não fornece aquilo que é querido. Devemos, então, separar incisivamente a livre escolha de qualquer das decisões práticas que tomamos no curso de nossas vidas. Não há modo de a livre escolha intervir nas séries temporais, como o exige nossa concepção vulgar de responsabilidade moral. Kant parece nunca avaliar plenamente quão remota é essa liberdade atemporal em relação à nossa concepção de senso comum da liberdade da vontade, da qual ele partiu. Nenhuma ação individual pode ser, em sentido próprio, totalmente livre, de vez que as ações ocorrem no tempo. A livre escolha atemporal pode unicamente determinar o inteiro caráter empírico que dá surgimento às várias ações temporais.

> Considerado dessa maneira, o ser racional pode então, com justiça, dizer, de toda ação que ele pratica contrariamente à lei, que ele poderia ter-se abstido de praticá-la, a despeito do fato que, como aparência, ela é suficientemente determinada no passado e, nessa medida, inevitavelmente necessária. Pois ela, juntamente com todo o passado que a determina, pertence ao fenômeno singular do seu caráter, que ele atribui a si mesmo e em conformidade com o qual ele imputa a si mesmo, como uma causa que é independente de toda sensibilidade, a causação daquelas aparências. (CRPr 98)

Isso não é plausível. Uma coisa é dizer que todo ser racional deve pensar-se a si mesmo como livre; totalmente outra é dizer que todo ser racional deve pensar a si mesmo como fazendo escolhas fora do tempo.

O problema não surge, em caso algum, para quem não seja forçado a sustentar que a tese do determinismo causal é verdadeira para o mundo cotidiano. Certas pessoas acham o determinismo atraente, mas frequentemente sem muita razão.

E quaisquer que sejam os problemas existentes em sua concepção de vontade livre, Kant nos deu uma razão para tomar muito seriamente a ideia de que a vontade *é* livre em um sentido não compatível com o determinismo causal.

> Afirmo, pois, que todo ser que não pode agir senão *mediante a ideia de liberdade* é, precisamente por essa razão, realmente livre em sentido prático; isso significa dizer que todas as leis que estão inseparavelmente ligadas à liberdade são válidas para ele como se sua vontade se tivesse demonstrado, pela filosofia teórica, ser em si mesma livre. Assevero, pois, a todo ser racional que tem uma vontade temos de atribuir também necessariamente a ideia de liberdade, mediante a qual unicamente ele age. Pois em um tal ser pensamos uma razão que é prática, em outras palavras, uma razão que tem causalidade com respeito a seus objetos. Ora, é impossível pensar uma razão que, conscientemente com respeito a seus juízos, recebesse sua direção de qualquer outra parte, pois dessa maneira o sujeito atribuiria a determinação de seus juízos não à razão, mas ao impulso. A razão tem de considerar-se autora de seus princípios, independentemente de influências estranhas; consequentemente como razão prática, ou enquanto vontade de um ser racional, ela deve considerar-se livre. Isso significa dizer que a vontade de um ser racional pode ser vontade própria unicamente sob a ideia da liberdade e, de um ponto de vista prático, tal vontade deve ser atribuída a todo ser racional. (F 448)

Isso não está muito claramente colocado, porém permita-se-nos considerar primeiramente a racionalidade teórica implicada nos juízos. Ao dizer que alguém julga ou argumenta racionalmente, pode-se ter em mente uma das duas coisas. Pode-se ter em mente que uma pessoa tira conclusões de acordo com princípios que são, de fato, racionais; um computador faz isso, se ele foi apropriadamente programado. Alternativamente, pode-se ter em mente que esse alguém argumenta racionalmente porque vê que assim é como ele deve argumentar. No último caso, o que essa pessoa faz não pode ser plenamente explicado em termos causalmente deterministas, porque parte do que explica a inferência que ele faz é seu reconhecimento da validade de princípios racionais. Seu reconhecimento desses princípios pode ser explicado unicamente por referência aos próprios princípios, e eles não pertencem a nenhuma ordem causal – eles não são o tipo certo de coisa. Desse modo, *se* as pessoas podem argumentar não apenas em conformidade com tais princípios, mas também a partir do reconhecimento de sua validade, uma explicação causalmente determinista de seu comportamento não pode ser adequada.

Analogamente com o raciocínio prático. Se as pessoas podem agir não precisamente em conformidade com a lei moral, porém por respeito a ela, sua consciência dessa lei deve explicar por que agem como o fazem, e a lei moral não é o tipo de coisa que pode pertencer à ordem causal.

Porém, as pessoas *agem* alguma vez por respeito à lei moral? Alguma vez o reconhecimento das exigências da razão realmente influencia nossas ações ou inferências? Como Kant diz, não há possibilidade de empregar meios empíricos para estabelecer a realidade da razão pura prática.

> Pois algo que tenha de derivar a prova de sua realidade da experiência depende de princípios empíricos para as razões de sua possibilidade; porém, por seu próprio conceito, para a razão pura, embora prática, não é possível ser tomada como dependente da experiência nesse sentido. (CRPR 47)

Entretanto é impossível pensar a nós mesmos *senão* como reconhecendo e correspondendo a tais exigências racionais. Na esfera teórica, pensar a nós mesmos como não fazendo isso seria pensar a nós mesmos como julgando e argumentando segundo delineamentos que podem parecer naturais, mas não têm qualquer pretensão de ser dignos de confiança ou válidos. Na esfera moral, seria pensar a nós mesmos como capazes unicamente de ações em conformidade com a lei, e nunca de ações praticadas por respeito pela lei. Seria pensar a nós mesmos como autômatos. Kant se recorda das figuras mecânicas feitas por Vaucanson.

> Seríamos uma marionete ou um autômato, como os de Vaucanson, construídos e postos em movimento pelo Supremo Mestre de todas as Artes. A autoconsciência faria dele, com efeito, um autômato pensante, mas a consciência de sua própria espontaneidade seria um mero engano se ela fosse tomada por liberdade. Ele poderia ser chamado livre apenas em sentido comparativo [isto é, no sentido em que "liberdade" pode coexistir com determinismo], no qual as causas determinantes imediatas de seu movimento, e a longa série de suas causas determinantes, lhe são de fato interiores. Porém a derradeira e suprema causa tem de ser encontrada em outras mãos. (CRPR 101)

É um exagero afirmar que "todo ser que não pode agir senão *mediante a ideia da liberdade* é, precisamente por essa razão, realmente livre do ponto de vista prático" (F 448); porém o ponto de Kant é realmente que o argumento atingiu leito de rocha. Devemos pensar em nós mesmos como livres e não há razão para pensar-nos como não livres. Nenhuma evidência empírica é relevante, uma vez que pode nos instruir apenas sobre o que é empiricamente possível de ser descoberto, e leis *a priori* não o são. Por conseguinte, nada mais pode ser dito, ou é necessário ser dito. "Aqui se encontra, pois, o extremo limite de toda investigação moral" (F 462).

Na *Crítica da razão prática* ele coloca isso de maneira um pouco diferente. Ele afirma então que aquilo que nos é imediatamente dado *a priori* não é uma consciência de nossa liberdade, mas a própria lei moral.

> Ademais, a lei moral é dada como se ela fosse como um fato da razão pura, de que somos conscientes *a priori* e que é apoditicamente certo, ainda mesmo que nenhum exemplo de sua estrita observância possa ser encontrado na experiência. Portanto, a realidade objetiva da lei moral não pode ser provada por qualquer dedução, por nenhum esforço da razão, seja ela teórica, especulativa ou empiricamente amparada. Desse modo, se quiséssemos re-

nunciar à sua certeza apodítica, ela não poderia ser confirmada por nenhuma experiência e, portanto, provada a *posteriori*. Entretanto, ela se mantém firme em seu direito próprio. (CRPr 47)

Por uma "dedução" Kant entende um argumento que estabelece algo como justificado.

A razão para a mudança é suficientemente evidente. Na *Fundamentação,* ele tornou equivalentes liberdade e autonomia, de modo que pensar alguém como livre era o mesmo que o pensar como submetido à lei moral. Agora ele vê que se pode pensar alguém como livre sem isso: sem reconhecer a lei moral, alguém pode obedecer a imperativos hipotéticos e promover finalidades de interesse próprio, pensando em si mesmo como livre ao fazê-lo. Todavia, é distintamente plausível alegar que somos exatamente conscientes da lei moral, e que é também fundamental ser derivado de alguma outra coisa. Nós simplesmente somos cônscios das exigências da moralidade; e isso mesmo nos mostra que somos confiados à realidade da liberdade.

> Mas algo diferente e bem peculiar vem em lugar dessa dedução debalde almejada do princípio moral, isto é, que ela própria serve, inversamente, como um princípio para a dedução de uma insondável capacidade que nenhuma experiência pode provar ... Esta é a liberdade. A lei moral, que não carece, ela própria, de motivos justificadores, pode provar não apenas a possibilidade, mas a realidade da liberdade em seres que reconhecem essa lei para si mesmos como obrigatória. (CRPr 47)

> O dever ordena a ele incondicionalmente; ele *deve* permanecer fiel à sua resolução. Disso ele *infere* corretamente que ele tem de *ser capaz* de fazê-lo, e que essa sua vontade é, todavia, livre. (R 49n)

Alguns concordariam com Kant em que "deve" implica "pode". Mas e quanto àqueles que, como Hume, pensam que o "deve" de uma lei moral objetiva é simplesmente um fantasma do cérebro? Num certo sentido, eles não estão refutados. Liberdade e lei moral podem ambas ser ilusão; não temos *prova* de que não o sejam. Se elas o são, elas são ilusões de que não podemos ficar livres. E, igualmente, não há meios de provar que elas *são* ilusões. Se a ideia de uma vontade autônoma correspondendo à lei moral é coerente – e vimos razões para pensá-la assim –, não pode ser demonstrado que nossas vontades não são dessa espécie. Prova e argumentação não nos darão mais que isso. "Nada mais é deixado além de *defesa*, isto é, refutação das objeções daqueles que pretendem ter visto mais profundamente na essência das coisas e, com base nisso, atrevidamente declaram ser impossível a liberdade". (F 459)

Dado, porém, que firmemente nos cremos capazes de corresponder a uma lei moral racional, existe aqui muita vantagem em manter ceticismo a esse respeito? É isso mais sensato do que ser cético a respeito da validade objetiva de leis lógicas elementares? É verdade que alguns ilustres filósofos assumiram tal ceticismo, o que, todavia, não os torna sensatos. E, depois de tudo, não é surpreendente que prova e argumentação devem se esgotar. Somente podemos provar que alguma coisa é um princípio *a priori* se temos algum lugar de onde partir e, na esfera prática, o único lugar de onde partir é o fato da razão pura – ou, se seguirmos a *Fundamentação*, a consciência da liberdade.

Quando Kant nos diz que a lei moral exige de nós promover a perfeição e a felicidade, as pessoas perguntaram por vezes qual é seu argumento para tanto, e querem encontrar argumentos em seu texto. Mas é claro agora que aqui, como com a realidade da própria lei moral, a argumentação estaria fora de lugar. A lei moral é simplesmente dada; e nós a reconhecemos como tal.

> E, por conseguinte, não compreendemos, de fato, a necessidade prática incondicional do imperativo moral, mas compreendemos sua *incompreensibilidade*; o que é tudo o que com justiça pode ser exigido de uma filosofia que, com seus princípios, almeja alcançar o próprio limite da razão humana. (F 463)

# LEITURAS SUPLEMENTARES


## Introdutórias

ACTON, H. B. *Kant's Moral Philosophy*. London: Macmillan, 1970.

SCHNEEWIN, J. *Autonomy, obligation and virtue*: an overview of Kant's moral philosophy. In: GUYER, P. (Ed.) *The Cambridge Companion to Kant*. Cambridge: Cambridge University Press, 1992.

SULLIVAN, R. B. *An Introduction to Kant's Ethics*. Cambridge: Cambridge University Press, 1994.

## Menos Introdutórias

ALLISON, H. E. *Kant's Theory of Freedom*. Cambridge: Cambridge University Press, 1990.

GREGOR, M. J. *Laws of Freedom*. Oxford: Blackwell, 1960.

HERMAN, B. *The Practice of Moral Judgment*. Cambridge, Mass.: Harvard University Press, 1993.

KORSGAARD, C. M. *Creating the Kingdom of Ends*. Cambridge: Cambridge University Press, 1996.

NELL, O. (= O. O'Neill) *Acting on Principle*. New York: Columbia University Press, 1975.

O'NEILL, O. *Constructions of Reason*. Cambridge: Cambridge University Press, 1989.

SULLIVAN, R. B. *Immanuel Kant's Moral Theory*. Cambridge: Cambridge University Press, 1989.

SOBRE O LIVRO

*Coleção*: Grandes Filósofos
*Formato*: 11 x 18 cm
*Mancha*: 20 x 38,2 paicas
*Tipologia*: IowanOldSt Bt 9/12
*Papel*: Pólen 80 g/m² (miolo)
Cartão Supremo 250 g/m² (capa)
*1ª edição*: 1999

EQUIPE DE REALIZAÇÃO

*Produção Gráfica*
Edson Francisco dos Santos (Assistente)

*Edição de Texto*
Fábio Gonçalves (Assistente Editorial)
João Eduardo Pedroso Oliveira (Preparação de Original)
Adriana Silvia Méola e
Armando Olivetti Ferreira (Revisão)
Barbara Eleodora Benevides Arruda (Atualização ortográfica)

*Editoração Eletrônica*
Lourdes Guacira da Silva Simonelli (Supervisão)
R2/D'Livros (Diagramação)

Impressão e acabamento
psi7
psi7.com.br
book7
book7.com.br

# KANT

## KANT E A LEI MORAL